DID Y  ?

 Twitter was originally built as an internal tool for podcasting company Odeo.

 It's illegal to own just one guinea pig in Switzerland because they're considered social animals.

 Butterflies taste with their feet to locate food sources.

DID YOU KNOW?

Your stomach gets a new lining every few days to prevent it from digesting itself.

In Scotland, the word "yes" is sometimes said by inhaling, not exhaling.

In Bermuda, people celebrate Easter by flying kites, symbolizing the ascension of Christ.

DID YOU KNOW?

The state of Ohio has an official rock song: "Hang On Sloopy" by The McCoys.

The hashtag (#) was first used on Twitter in 2007 by Chris Messina.

Christmas trees were once hung upside down in homes in Eastern Europe, especially in Poland.

DID YOU KNOW?

In Spain, Christmas Eve dinner is a big family affair, and it often includes seafood and lamb.

Books are the second-most common source of electricity generation in libraries (after lamps).

You could potentially die from laughing.

DID YOU KNOW?

Mozart composed over 600 pieces of music in his lifetime.

The most translated book in the world, besides the Bible, is The Little Prince by Antoine de Saint-Exupéry.

In Pulp Fiction, the famous "Royale with Cheese" line was improvised by Samuel L. Jackson.

DID YOU KNOW?

Tomatoes are classified as fruits, not vegetables.

The world's tallest snowman was built in Maine in 2008 and stood 122 feet tall.

The world's largest Christmas tree was displayed in Mexico City in 1951, standing 222 feet tall.

DID YOU KNOW?

In The Lion King, the wildebeest stampede sound came from a mix of elephants and a car engine.

Shakira is the only artist to have a #1 song in Spanish and English in the U.S. simultaneously.

In Greece, Christmas celebrations last for 12 days, from Christmas Eve to the Epiphany on January 6.

DID YOU KNOW?

The first tweet to reach one million likes was from former U.S. President Barack Obama in 2017.

The longest on-screen kiss is 3 minutes and 5 seconds, in The Kiss (2010).

An octopus can regenerate its limbs if they're lost or damaged.

DID YOU KNOW?

You blink about 15-20 times per minute, totaling around 28,000 times per day.

The shortest commercial flight in the world lasts 57 seconds, between two islands in Scotland.

Saturn could float in water due to its low density.

DID YOU KNOW?

The first e-book was created in 1971 by Michael Hart and was the U.S. Declaration of Independence.

One in 18 people possess a third nipple.

A comet smells like rotten eggs.

DID YOU KNOW?

Around one quarter of your body's bones are found in your feet.

The world's first novel, The Tale of Genji, was written in Japan around the 11th century.

Finland has been ranked as the world's happiest country for 7 consecutive years.

DID YOU KNOW?

Your nose and ears grow continuously throughout your life.

Facebook was originally called "TheFacebook" when it launched in 2004.

In Finland, there is a tradition of carrying your wife for fun competitions.

DID YOU KNOW?

Dogs can understand up to 250 words and gestures.

Bottlenose dolphins are the only other species that have self-assigned names.

The Jurassic Park T. rex roar is made from an elephant's trumpet mixed with a tiger's growl.

DID YOU KNOW?

The tradition of placing gifts under the tree originated in the 18th century in Germany.

J.R.R. Tolkien wrote The Hobbit in just over a year.

The largest computer chip manufacturer is Intel.

DID YOU KNOW?

Spiders can regrow their lost legs.

Polar bear skin is black, even though their fur appears white.

You tend to remember more dreams when you sleep poorly.

DID YOU KNOW?

You could be heavily pregnant without realizing it.

The first novel written by an African American author was Clotel by William Wells Brown.

The inventor of the lightbulb, Thomas Edison, was afraid of the dark.

DID YOU KNOW?

Bats can see, but they rely more on echolocation to hunt prey.

The Star Wars crawl text was designed to be read faster by moving vertically.

WhatsApp was initially created as a free alternative to SMS text messaging.

DID YOU KNOW?

An average of 100,000 times each day. This is how often your heart beats.

Cows have best friends and can become stressed when separated.

"Pneumonoultramicroscopicsilicovolcanoconiosis" is the longest word in the English dictionary.

DID YOU KNOW?

The first-ever film with a soundtrack was The Jazz Singer (1927).

The script for "The Terminator" was sold for $1.

A blue whale's heart weighs about 1,300 pounds.

DID YOU KNOW?

Elephants are the only mammals that can't jump.

There is enough gold in Earth's core to cover the planet's surface.

Animals can perceive time in ways that differ from humans.

DID YOU KNOW?

The Christmas cactus blooms in late December, making it a popular holiday plant.

The oldest continuously operating hotel in the world, the Nishiyama Onsen Keiunkan in Japan, opened in 705 AD.

In Italy, Christmas Eve dinner is traditionally a seafood feast called "La Vigilia."

DID YOU KNOW?

The inventor of the Rubik's Cube, Ernő Rubik, did not initially know how to solve it.

A strawberry isn't an actual berry, but a watermelon, banana, and pumpkin are.

The human nose can detect over 1 trillion different scents.

DID YOU KNOW?

Penguins propose to their mates with pebbles.

A single strand of spaghetti is called a spaghetto.

The first person to go into space was Yuri Gagarin from the Soviet Union.

DID YOU KNOW?

There is no such thing as a perfectly straight line; zooming in reveals irregularities.

YouTube is the second largest search engine after Google.

Ants never sleep.

DID YOU KNOW?

Michael Jackson's Thriller video was the first music video inducted into the National Film Registry.

Easter is celebrated on different dates each year, but it always falls between March 22 and April 25.

In ancient Egypt, books were made of papyrus and were rolled into scrolls.

DID YOU KNOW?

Before 1,000, no number contains the letter A.

Human teeth are the only body part that cannot regenerate.

Your body contains more bacterial cells than human cells.

DID YOU KNOW?

In 1994, Netscape Navigator was the most popular web browser before Internet Explorer took over.

NASA's Mars Rover is powered by solar panels and can generate enough energy to power two households.

A sneeze can travel at speeds of up to 100 miles per hour.

DID YOU KNOW?

Comets emit the smell of rotten eggs.

Chainsaws were invented for use during childbirth.

The world's first ATM was installed in London in 1967.

DID YOU KNOW?

Owning only one guinea pig is illegal in Switzerland.

In The Godfather, the cat in Marlon Brando's lap was a stray picked up on set.

An electric eel can generate a shock up to 600 volts.

DID YOU KNOW?

Bananas are naturally radioactive.

Rats can tread water for up to 3 days.

A rainbow on Venus is referred to as a glory.

DID YOU KNOW?

A jiffy is an actual unit of time: 1/100th of a second.

Adele is one of the only artists to have her albums top both the UK and US charts at the same time.

Venus flytraps can count to two to avoid false triggering.

DID YOU KNOW?

Horses can't vomit.

Identical twins don't share the same fingerprints.

Santa Claus is based on St. Nicholas, a 4th-century Greek bishop known for his generosity.

DID YOU KNOW?

The longest book ever written by a single author is In Search of Lost Time by Marcel Proust.

Octopuses don't have tentacles—they have arms.

The first website ever created is still online at info.cern.ch.

DID YOU KNOW?

Facebook's "News Feed" feature was introduced in 2006, changing the way users interact with content.

Cats cannot taste anything sweet.

The world's most giant snowflake, recorded in 1887, was 15 inches wide.

DID YOU KNOW?

The first oranges were not orange; they were green.

The speed of a computer mouse is measured in "Mickeys."

The Matrix bullet time effect used 120 cameras to capture every angle.

DID YOU KNOW?

In Venezuela, it's customary to roller-skate to church on Christmas morning.

The sound of a baby crying is often used in pop music to evoke emotion.

J.K. Rowling was rejected by 12 publishers before Harry Potter was published.

DID YOU KNOW?

In E.T., the famous flying scene used a rig to lift the bicycle and E.T. into the air.

President Theodore Roosevelt had a pet hyena.

The longest word in the dictionary is 189,819 letters long and is the name of a protein called Titin.

DID YOU KNOW?

The Harry Potter series has been translated into more than 80 languages.

There are over 129 million books in existence according to estimates from Google Books.

Pine trees can sense impending rain.

DID YOU KNOW?

The only letter not used in the U.S. states' names is Q.

The longest-running children's book series is The Little Engine That Could, published in 1906.

More than 500 million stories are shared on Instagram daily.

DID YOU KNOW?

The T. rex likely had feathers.

Penicillin was initially referred to as "mold juice."

The Jaws shark was nicknamed Bruce by the film's crew.

DID YOU KNOW?

Tomatoes were once thought to be poisonous, known as "love apples."

Ancient Romans used urine to clean their teeth.

Deaf people are known to use sign language in their sleep.

DID YOU KNOW?

The fastest fish in the world is the black marlin, capable of swimming at speeds of 82 mph.

The dot on a die is called a pip.

The first comic book was Action Comics #1, featuring Superman, published in 1938.

DID YOU KNOW?

Your signature can reveal aspects of your personality.

Snakes use their tongues to smell.

In Titanic, over 30,000 gallons of water were used for the ship's sinking scenes.

DID YOU KNOW?

The Nutcracker ballet was first performed in Russia in 1892 and features music by Tchaikovsky.

A cluster of bananas is called a "hand," and a single banana is a "finger."

Avocados are classified as fruits, not vegetables.

DID YOU KNOW?

The first laptop, the Osborne 1, weighed 24 pounds and sold for $1,795 in 1981.

LEGO bricks can withstand compression better than concrete.

In France, you can marry a dead person with presidential approval.

DID YOU KNOW?

Sea otters sleep with eacother while holding hands.

A modern iPhone has more computing power than the Apollo 11 spacecraft.

The first color film ever made was The Toll of the Sea (1922).

DID YOU KNOW?

The Star Wars theme was inspired by old film serials and orchestral scores.

In the wild, lions can sleep up to 20 hours a day.

A baby kangaroo is called a joey.

DID YOU KNOW?

The fastest commercial flight in the world operates in Scotland.

You travel 2.5 million kilometers daily as you orbit the Sun.

Star Wars was originally meant to have a very different opening crawl.

DID YOU KNOW?

Google handles over 3.5 billion searches per day.

Mercury is the planet closest to the sun.

Elephants are the only animals that can't jump.

DID YOU KNOW?

Puffins use twigs to scratch themselves.

Your brain is constantly consuming itself.

Taylor Swift's album 1989 was the first album to sell 1 million copies in 10 days.

DID YOU KNOW?

A cockroach's heart is resistant to many forms of damage.

The largest book ever published is Bhutan: A Visual Odyssey Across the Last Himalayan Kingdom.

Twitter's bird logo is called Larry, named after basketball player Larry Bird.

DID YOU KNOW?

Each day, your brain burns from 400 to 500 calories.

Agatha Christie is the best-selling author of all time, with over 2 billion copies sold.

The first digital camera was invented in 1975 by Kodak engineer Steven Sasson.

DID YOU KNOW?

Johnny Depp based his portrayal of Captain Jack Sparrow on Keith Richards of The Rolling Stones.

Allodoxaphobia refers to the fear of others' opinions.

The lightsaber sound in Star Wars was created by combining a film projector and a TV.

DID YOU KNOW?

Laughing predates language.

The first Christmas tree in the White House was set up by Franklin Pierce in 1856.

An octothorpe is the proper name for a hashtag.

DID YOU KNOW?

The first department store Santa Claus was introduced in Boston in 1890.

Frozen almost didn't include the song "Let It Go" but it ended up being the movie's hit.

Avocados are poisonous to birds, so pet owners should be cautious.

DID YOU KNOW?

TikTok's algorithm has been described as one of the most addictive algorithms on the internet.

Basketball and volleyball were both invented in Massachusetts.

Dolphins have names for each other.

DID YOU KNOW?

The Easter Lily is a popular flower used for decoration and symbolizes purity and resurrection.

The shortest story ever written consists of just six words: "For sale: baby shoes, never worn."

Kangaroos cannot walk backward.

DID YOU KNOW?

A small child could swim through the veins of a blue whale.

Tardigrades, or water bears, can survive extreme conditions, even in space.

Twitter's character limit was originally 140 characters, then expanded to 280 in 2017.

DID YOU KNOW?

In Finland, there are more saunas than cars.

Lunar Larry was the original name for Buzz Lightyear.

The average number of gifts a child in the U.S. receives at Christmas is around 10.

DID YOU KNOW?

The average American family spends over $700 on Christmas gifts each year.

The tongue of a woodpecker wraps around its brain to prevent damage during pecking.

Dogs tilt their heads when spoken to, helping them pinpoint familiar words.

DID YOU KNOW?

Humans are the only animals that blush, showing involuntary signs of embarrassment.

The first computer programmer was Ada Lovelace, an English mathematician in the 1800s.

Tea, besides water, is the world's second most popular beverage.

DID YOU KNOW?

In the UK, Easter is known for its Bank Holiday Monday, which allows for extra time to celebrate.

The most expensive book ever sold is The Codex Leicester by Leonardo da Vinci, for $30.8 million.

A bolt of lightning is five times hotter than the surface of the sun.

DID YOU KNOW?

The Diary of Anne Frank was first published in 1947.

The speed of Earth's rotation is gradually changing.

Wombats are the only animal whose poop is cube-shaped.

```
Z G R Q V G Z H W A Y O I Z K
P S A H S F A R T R N P W Z O
I J J C H R J K K N U G M R L
N K C Q I L J A J B X C T E R
E Y E M M R I M C D I D S V U
M H Y V M E N U R Q M P E E S
Y K K B E H G S Y O M W S L G
R T Q Y R N L I B J A B J A R
R L G R I N E C A J C Q Y T L
H P A E N O M R G N U V O I W
J U D V G R Z J D N L M J O N
V F R E R E L I C Q A Y L N S
D F E L F D E S C M T O M H I
F I A R M Y O A D S E Z F Z E
X N M Y R J S F G V I G O R B
```

Immaculate **Shimmering** **Revelation**
Revelry **Puffin** **Jingle**
Dream **Vigor** **Music**
Relic **Pine** **Myrrh**

```
D B P T Z G W P M A B B W M C
M O K R J S D Z R L S R M Q P
T U E A K N S P Q F H I L G W
E Q N N F O N A Z U Z G E T D
H U L Q X W O R Y S B H C W B
D E Y U U F W I A F Q T A A P
T T U I U L B S T E G E R V B
B W J L N U A H N S W N A I F
V N X H S R L G N T Y A M B B
I I A Q T R L G X I Q Z E J I
L T B K Q Y N C B V T H L J O
Y H B R H G A L E E D D O K M
L H Q C A V T Q M J E O C A X
V Q P N W N K H S O W E P Q R
E P Z D G P T H R Y I Y P H T
```

Snowflurry   **Festivejoy**   **Tranquil**

Vibrant   **Snowball**   **Parish**

Brighten   **Bouquet**   **Caramel**

Hoar   **Gale**   **Doe**

```
N I T B C M I D N I G H T L D
M J P U D B M C B M O E W W X
U R I T Z P E T Y D Y T X X F
G X N R L L H R A D O R N E D
L Q D Z I K U Y T E O G O H F
Y L D P T D M X V S U F P M F
S I M M E R E X U G R C S S D
W H D N K T Z S K R P V C A R
E C M E H T X B C T I V R I A
A A W Z S O V T Z E X O V N G
T R E C L B X O C K B O U T O
E A G V S N O W T R A C K S N
R M M X H G X X T E Q F O Y R
E E A L B A T R O S S P C I O
G B L E S S I N G M W Y O X N
```

UglySweater   Snowtracks   Luxurious
Blessing   Iridesce   Albatross
Midnight   Adorned   Simmer
Dragon   Carame   Saint

```
G D M D W A K W S W V P N V X
D B P Y W J R Q T S N L B B D
Y S I I M F W T H E X A K L U
G Z Q R T F A U I K A Y I E T
E V A J J Y S R O C H G U S I
M I P U O T S S U N H R F S L
S P R I S M A T I C E O W E L
T X Z D C F I H S T F U K D U
O T F W H Q L N T O H N U E M
N A C D A U I Y M A Y D X S I
E D E Z R V N P W S K D G P N
S G M C I W G C D T V F G R A
V K J W S S G L I T A N Y I T
X N E H M W O O L E N S Z G E
H M Y S A V U U U O V Z Z T G
```

Wassailing **Illuminate** **Playground**
Artichoke **Charisma** **Woolens**
Prismatic **Blessed** **Litany**
Sprig **Gemstone** **Toast**

```
Q V U Q K W P M R N C X S H V
D C O N A I D O E B A W E H Z
E B B B S N E O G O M A D L S
C C K D A T X N O E E H G P P
O F X F I E W L L W R U X E A
R B G C E R A I D R A S U N C
A A V F L T P T Q G V L G C E
T D B A A I C J G Y J J J H S
I G K B F M G H L Z K W Z A H
O E T L S E S T I B B G J N I
N R K E T U A C D N H Y N T P
S F T H A N K B L J G W D X
R V C T B Z K C H I M N E Y Z
L U U V L D F K Q W H U F N M
M Z Z O E M O Z R H F Q Q F Y
```

Decorations **Wintertime** **Spaceship**
Enchant **Chimney** **Fetching**
Moonlit **Stable** **Camera**
Badger **Fable** **Gold**

```
C Y P T N A H O R S E Z D F I
C X G K X I O D R O K V S O W
D F E S T I V A L A Q U Y W F
O E P K T B G T W Y Z A T A C
K Q E M O A R C T I C T K F O
W S C A N P X C F Q I A Z F N
N V A W O N D E R M E N T L S
E G N W P J U N W R A P J E T
Q O R N A M E N T S F C E S R
Q O G A Q X F C K M J K S W U
F D Z E B F I R E W O R K S C
F I X G S V T Z D F J I N K T
P E C U K O C O N G U T U I I
H S X V H X S V G C J H Y K O
L A N T E R N S E B Z U X G N
```

Construction   **Wonderment**   **Fireworks**
Ornaments   **Lanterns**   **Festival**
Goodies   **Arctic**   **Unwrap**
Horse   **Waffles**   **Pecan**

```
S N G C I H M P P J C A U Y I
Z C H I C K E N B Z F O G X C
A Q W T Y T I N G L E F K D S
L P I H Z C U C Q K C R I T I
I D F N I J J N L K Q B B S L
H F E R O T A N W M K Q H K K
H W K L O S E U Z I P Q N G R
W K N E I S T O W T N T A R I
H V U P H C T A U Z M D M Q B
I F N D P G A I L T U D F Q B
T B F F I D B C N G R D H R O
E J S O C C U O Y E I D A E N
U I H B F P I C A P S C F V S
S Q Y D T S Z N V G R S X E H
Z L Z V T U W N G R Y I C L A
```

Silkribbons **Frostiness** **Nostalgic**

Whiteout **Delicacy** **Chicken**

Tingle **Unwind** **White**

Revel **Icing** **Nun**

```
D A K G W D Q D O Z W U J K J
D J G S M B D R T R O B I N R
P C G Y I A B Q Y W H X G S I
I C E U G R V A D O R N S P K
E Z R A E D L A I C E C A P N
T K Y X N J M A L Q H F G L X
Y A P O F F T E P A H O V C B
I I R I S I H B L L N R L U G
K E D F M F R E S T A C P Y Y
C I T J A C A E D W D N H K E
O W C U R M W I P G Q O D E N
R F U R K P W J F L E Y W P S
S N C S E C K I G Z A Y S N V
C O U J T E K U W M E C C W O
W J S W N U Q I N W V J E A P
```

Avalanche **Fireplace** **Meltdown**
Lapland **Icecap** **Market**
Adorn **Hedge** **Robin**
Holy **Fur** **Piety**

```
R W D W S Q Y M I Z Q N U V O
C J U S S W E R Z N E C A G I
W X A V M V Z K G M M R Z X N
M C R I S P N E S S A A X O S
H C H P B Y K I M A H G A A P
Y Y H A K C U Q I I E R I K I
A X I C H E A R T Y Q X Q C R
R E S K L A D F N M P H F V I
N C C A N D L E L I G H T J T
Q H E G Q G C L E R I C A L L
G A J E W Z B E A V E R D V Q
Z P R S T T Z H G M E A F K A
U E L M K H V T D Q X V N H A
F L T E X Y J J P P R C O Y E
V D E Y O U T H F U L Y G Z U
```

Candlelight   **Crispness**   **Clerical**
Youthful   **Inspirit**   **Packages**
Hearty   **Chapel**   **Beaver**
Magic   **Yarn**   **Oak**

```
S N O W A N G E L S T M G U A
C W C C N P K M N S E N F Y R
F O K Y K I J R W H H J Q H R
O Z R G I N G E R B R E A D G
W E C K A E Y M R S T Q A W L
P O C E S M I C I N E S S D J
R X O O W C T R T E T L X O Z
C Q C L S I R S P J L P V R B
A Z O T S Z D E C C H T E M R
R L N L J O Z K W V J O M A I
O U U A G F C A A Z V Y P N M
L E T M W O X K T I C S B C M
I A O B R Y V G S W I H J Y I
N N W G D V D V Z C G O W W N
G O D E E R W Y N I T P B Z G
```

Gingerbread
Woolsocks
Brimming
Deer

Snow Angels
Caroling
Toyshop
Coconut

Corkscrew
Dormancy
Iciness
Lamb

```
Y E B A W P D T Q Z Y T G G Z
P H T X A A O I P N X G O K M
I F E S T R E I O A Y W H D H
E M P A Z K Y N S V K R N X I
L R Y D R A C J H E M E N A I
W R M A G T Q E E D S A R S K
L L K C I S H Q O C Q T A T H
S K A T E B O A R D V H D A P
K U S A A B M G T P J W I R A
B I L Z K F N D H H W W A L S
A W D Q O R C M F U M M N I S
G S O V E R J O Y G F Y T T P
P A R A C H U T E S F Y Z K O
X M Q K Q S Y T E S Q T Z Y R
C J O Y F U L S I N G S Q Z T
```

Joyfulsings
Radiant
Wreath
Starlit

Skateboard
Overjoy
Hearth
Hugs

Passport
Parachute
Parka
Posh

```
K N Q W S B N P F K T E B U D
S E R V Z S S Z P Q T X Y O V
N H F M S R A Q G J E U C U W
O M Y L T N N I S W P I R J C
W A W O A H D N K N U P A B I
C W J D R X C T W V W H N T N
A X U K B X A E I I W E B W N
P X B S R K S R N Z A Y E I A
M Y I A I E T T T Y B G R N M
V B L G G S L W E Y T W R D O
N L A E H N E I R K Z T I B N
W I N B T T B N T M W Y E R P
R S T Y U T O E I C H Q S E N
A S H C R N C L D R H U F A T
P B F G A T Y I E H H M F K Y
```

Cranberries **Wintertide** **Sandcastle**
Intertwine **Jubilant** **Windbreak**
Snowcap **Wrap** **Starbright**
Cinnamon **Sage** **Bliss**

```
O J M L V H S W K A U A F K P
R I B B O N E W A D C T U I L
U M E E P L A N E T A R I U M
U A X F C A P P U C C I N O B
R Y Y Z F W C I W V A S A C L
N A G G T E J H N Q G P P P B I
L Z D K X E R Y O E I O O K T
F K M I L E M V P C C M B T H
U B I I A P I B E U O O C H E
Y H S W T T F X R S Z L N K Y
Q U T A D W O W C A C Z A E U
T M Y H D Z N R U G C E L T V
W S F V O V T D U X S E N E E
P G H C U X D F B D H X T C E
E B I P S A L M B N Y N Y U E
```

Effervescence **Planetarium** **Chocolate**
Radiator **Cappuccino** **Pinecone**
Embrace **Ribbon** **Blithe**
Puzzle **Psalm** **Misty**

```
C M I K W R C Z P R X Y U U M
S J Q S N I G H T L I G H T V
X K H G X F M K L G G G F F V
M A N A A S E B D V K N I S B
L O R A R R X A F S B Z G Z U
X T N C R M D L T E Y N O E L
J R T A H C O E N H K R W P N
V A L D S I H N N S E N G B Y
P D R H Z T N A Y I A R A F Q
U I B E N Z I C N J N X S M E
T T S V V P T C H G P G C D L
M I Y T M E D P P I E H R B F
Q O U J K O L X T N L L D F G
K N M S N I N S L K P L B L M
N T R A C C O O N J K W A A U
```

Chinchilla
Gardening
Raccoon
Revels

Nightlight
Archangel
Harmony
Noel

Tradition
Feathers
Monastic
Elf

```
P E K M O U N T A I N Q G E Z
N R S W J C R I S P X S N G T
S M S T W B X S Y O T V R E J
P I I N O L U J K U Y U R T S
U N V B O R A I N C O A T K T
A E O W D E K B F F L J J S A
D X A H P N A P E K I D H I R
T D E O E W Y T C Y J N K F S
H M T J C T K I N D R E D J H
C O G J K L T N D O L P X E I
P B R J E W I N T E R D K U N
Q W A L R U S C O Y W O L F E
L A C T F M Q V N G V M T P J
U N E Y B Y D E C K P Y T W K
W N Z P F I Z B N M R I A N Q
```

Woodpecker **Starshine** **Mountain**
Raincoat **Coywolf** **Kindred**
Walrus **Winter** **Crisp**
Deck **Ermine** **Grace**

```
H S H Y Y C H R I S T I A N P
X V N N N M N T S H I V E R F
K V Z K W Y V R U N W E N H L
I T G H S Q G C N J K W K Z U
N W O H K H P V O X U C I R F
G I I J D Y E A E N H N U U F
S R G S A R S P K O F T E S Y
E L L F G R E W H J J E Q M J
Z B O S M H E A C E O O T O Y
B Z O M D T C Y M Y R G F T R
C B H P N E L Y C Y I D P F I
T F E M B E L L I S H B S I E
H Q U A I N T L Y M K H G K O
O H N S B E N L O R W I W G R
A W C R L C A N D Y C A N E O
```

Christian　　**Embellish**　　**Shepherds**
Candy cane　　**Confetti**　　**Quaintly**
Shiver　　**Dreamy**　　**Kings**
Fluffy　　**Twirl**　　**Igloo**

```
O P H U D D L E L Y Y U Q U L
G I Y U M B U W R A P P I N G
J N U W S A H V T H R B B P V
B F R A S U V E F G E A H O W
D L H K L B C L K M Q M H P I
A U N F S L W V X S U V E C S
C X H H E L E L V I W A O T
O X O J M S G T V R E V R R F
N G L A B U V I V U M Z T N U
E H D W O O L N F K F L E U L
U N K U A T B E O R U K N V I
Z P R T A H Z D C N P H K I N
W T J G R X Y V E Y S J W U Y
M S W R E E M I H Z N I J X V
J N N L L S Z R E I N D E E R
```

Velvetine **Reindeer** **Wrapping**
Hearten **Wistful** **Huddle**
Requiem **Popcorn** **Influx**
Baubles **Wool** **Cold**

```
T T D X C Q C M R O S Y S Q A
V I C I M T Y A I D N B U N A
H N B R R U C D N S C O S Y V
G H R Q Q G T V V N Y E R Y V
J I G G Q F O T I O R I A J L
K C N B L A P H G W H N L Y K
J E B G X U P T O D N B P F D
R L L Q E T E U R R J E I P W
T E I H K R R E A I B L N I L
M B S A K B L V T F Z Y E H O
D R S X N C K Y E T D I L W G
Z A F E O K A Q U S E I T I F
U T U V L F C X C L O U D S I
R E L G L A Y C Z I F H L X R
C M A S D M N D V O Y Z O D E
```

Snowdrifts **Celebrate** **Invigorate**

Gingerly **Logfire** **Clouds**

Topper **Cosy** **Blissful**

Alpine **Knoll** **Rosy**

```
V N P C R W O U V I H U X A B
E I O R R X O T O J V R E E O
L T P D Q D G L O I K R L R F
V R E E S I W L V M I R T H O
E E P C P F J I I E U K M I J
T E P O R W I J S T R R F E H
B T G R I N L J P S T I N J S
O O C A N D Y C A N E E N Z H
W P L T K J H G B L R N R E I
S S L E L V M P R B Q P U V N
R E K U E R Y D Z Y B D C R Y
Q K E E P S A K E I I U A C I
M M Q D F P G O O J M P L O H
N M U R V C E S U O P U X N J
Y S W E E T C Q P J Q J B I K
```

Velvetbows   **CandyCane**   **Keepsake**
Wolverine   **Treetops**   **Glitter**
Sweet   **Shiny**   **Mirth**
Sprinkle   **Decorate**   **Pope**

```
M M F P T B O B C A T A R D D
V W R J Z C E B Q I M N K A Z
S K L O V E R D E X I I P W G
B N U Y N N Y A E W P M J A J
L H P W K E I L N C K A T R J
E B S Q I A M T I B O L T M T
S U N Y D B P H R T E R G O O
S W O U X A T M K N U R L S A
X V W M C B R N N G H R R J J
T H F Q Y T C O L R S T G Y J
F E A E M A I Y M P W B O Y Y
H I L V H Q G Q T A D E Q Y H
J H L N G T D C V O T T S W Z
E K I K G E S N Y L D I M G L
W B H H D G R F N T G M C V D
```

Cranberry
Snowfall
Bless
Love

Aromatic
Bobcat
Decor
Kid

Liturgy
Animal
Warm
Toy

```
T C G C S A C R A M E N T L H
R C E S C P T J S Y V C W X F
H P X L G Q N B N O W E T W S
Z H A Y E Q O W Y E S M W I W
O A G C Q B L I M E B T I N Z
C M C I C V R W H Y G P N T U
E Q I E J T B A G D A V K R C
A D I X R P I G T A E H L Y R
N S B Y G V W P J I Z B Y F A
Q M O O N L I G H T O E Y N F
Q D K E M L D F L A K N B T T
S N O W S P A R K L E Q J O S
C I V A D O B A P T I S M X H
V O G N G E B O C C A S I O N
Z Y U G O C B F E T I N S E L
```

Celebration **Snowsparkle** **Moonlight**
Baptism **Sacrament** **Occasion**
Twinkly **Gazebo** **Tinsel**
Wintry **Crafts** **Ocean**

```
U S L Z M J N E C K L A C E G
G V N S U E A M K P D X C W T
F E F O B K Y A A L R Y G X N
B U C Q W C J G M B B E I X I
R O H P N M J F P O J F X S W
E W O O L C A P Y N B I F J V
A Q I X J L U N G F O R Y S R
D T R C S A P M P I I E W J H
R K A N G A R O O R K S X Y O
Q V Z S U Y X Q T E X I F A L
G I X O A E K F K O O D N O L
S M S F W W I N D X F E K G Y
X U D T D U R T I P E B W Q L
E B Q E W V N Q G T H B R H Q
J P P N I S N O W F L A K E U
```

Snowflake **Necklace** **Fireside**
Kangaroo **Snowman** **Wool cap**
Soften   **Bonfire**   **Bread**
Choir   **Holly**   **Knit**

3				4	9		8	
			1			4	6	
	4							5
2		3						
8						1	5	
5		1	9			3	7	2
4			5	2		7	9	1
9	5	7			1			6
		6				5		4

7	8					4	6	3
2					4			9
	5		6					1
		7				3		6
8	4		9	6	3		2	7
		3	1		2			
9	3	2						4
					9			
4			3	5	1		7	

			5	6	8	4	7	
	5	9		1	7			
	7		9	2			5	1
2			1	8		5	4	3
				3		9		6
9		8						2
			2					7
				5			2	
1	8	2					9	

	2			6			3	8
			3	9		7	6	
3	7	6	5		8		4	
					1	6		
	3	9					1	4
	1				7	3	5	9
		7	1	2	3			
2							7	6
	9		8	7	6	4		

					2	3	4	1
7	4			5		2		
		1			4			
5	3			1	6		8	7
		8		4				
						1		4
	8		5	2	9	6		
	1	9				7		8
3	5	6			8	4	9	

					5			3
			4	3	1		8	6
			2	7		5	4	
6		5				9	3	
	2			5		4		1
	7		1	2		8	6	
9	5	8		6	4	2		
	6				9			
		7		1		6		8

						4	6	
					9	3		
1				7		2		
			5		6		1	3
		3	1		8			7
6		1						2
	3	8			7			
7		9	4			5	3	6
		6		5	1	7		9

6	5	3				1	7	
					6	5	9	
4	1		5	3				
	8	6		9	5		4	7
1	9					8	2	
			6	8		9		
			8		4			
			3				5	
7		4		5	9	6	8	

6	5	3				1	7	
					6	5	9	
4	1		5	3				
	8	6		9	5		4	7
1	9					8	2	
			6	8		9		
			8		4			
			3				5	
7		4		5	9	6	8	

2		1	5			4	3	
7					2			
	4		3	1				7
4					6		8	
	7		8		1	6	5	
1			4					
		6		9	5		4	
	3						2	6
		4	6					5

	5	2				8	4	
	8				2	7		9
3	7	9			4			
7			3				6	1
				6		5		
8			7			3		4
9			8	7			5	6
	3						8	
	1	8	2			4		

	5	2				8	4	
	8				2	7		9
3	7	9			4			
7			3				6	1
				6		5		
8			7			3		4
9			8	7			5	6
	3						8	
	1	8	2			4		

4								
8			4		3		6	9
	3	2	6	7		5		
	1	5			2	8		7
			7	6		3		1
	9			4		2		
1	6					9		
3			9	5	7			
			2			4		

7	5			6		2		
	3	4					9	
2		6						3
3	4						8	
		5	8		1		3	2
	7	2	9	5				
5		3	7		9	6	2	
		7						
4		8	2					

	2		3					
					7			1
					8	3	6	
9			2		6	8		
	5						9	
8		4	1				3	
					4	7		
		2	6					
	6	1		7		4		

			1					
5	6	8						
	3			6		7		
9		2	5					1
				2		5	7	
8			4			6	2	
			2		1		3	
4	9						6	
				9				

								6
9	8	6		4				7
	5					3		
3			2					
			6	9			1	2
					8			
	4						6	
				1		4		
7		2	9					

		9						
3			5		1		2	
6							5	
5							3	7
			8	4				
					2	6		
		1		2			7	
				5		4		
9				7	4		1	

6		7						9
		8		1	9			
	5					6	2	
5							1	6
4	2			8		5		
	1		9			7		
1				2			6	
					4			7

7				3			5	
							7	9
		2			5			
		3	5		4	6		
6						3	1	
8	4							2
			4		3			1
2					1			
	5			9				

					9			7
			7		5		3	
		2						
		6	9					8
7			6		3		5	
3				1				
5							6	4
			1	2		8	9	
1								

		2			9	6		
	3			5				2
	4		2		7			
	5			4				
1								
		6			1	9		
	2	7	6					8
			8			5		
	9			1				3

					8	5		
	7			5	9	2	8	
		3						9
		1	5					
	4					6		7
	9		3			8		
		7		9	5			
8						9		
		2	8	1	6			

9		5	7			2		
					4		6	
				8	5			
7			8				9	5
4				5				7
							4	9
2		6		1	9			
	1							6

Made in the USA
Columbia, SC
18 March 2025

55342532R00061